My First Action Words Picture Dictionary

ENGLISH - RUSSIAN

Designed and edited by : Anna Stoker

Translated by : Yernar Tursynbay

WIGWAM

ENGLISH - RUSSIAN

My First
Action Words
Picture Dictionary

© Publishers

ISBN : 978 93 83526 85 7

Published by
WigWam
An imprint of **Star Publishers Distributors**
F-31, Okhla Industrial Area Phase I
New Delhi - 110 020
email : starprint@starpublic.com

First Edition : 2022

No Part of this book may be reproduced or utilised in any form or by any means, electronic or mechanical, including photocopying, recording or by any other system, without written consent of the publishers.

Printed at : Star Print-O-Bind, New Delhi-110 020 (India)

This dictionary has been published in the following languages:
Arabic, Bengali, Bulgarian, Cantonese, Croatian, Czech, Farsi, French, Gujarati, Hindi Hungarian, Italian, Korean, Latvian, Levantine, Lithuanian, Mandarin, Pashto, Polish, Portuguese Punjabi, Romanian, Russian, Slovak, Spanish, Tamil, Urdu and Vietnamese.

Aa

abandon

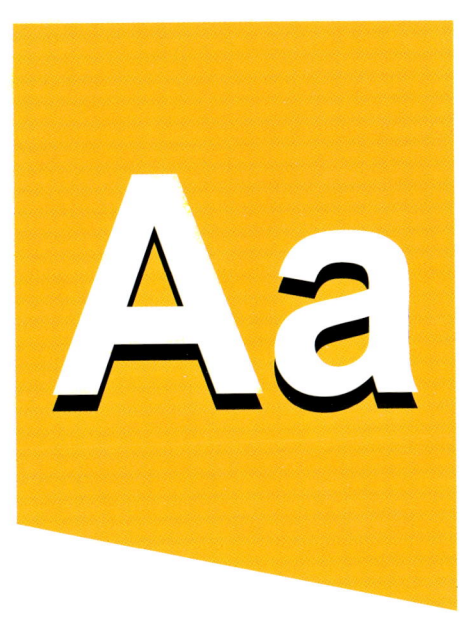

Покидать
pokidat'

absent

Отсутствовать
otsutstvovat'

absorb

Поглощать
pogloshchat'

accelerate

Ускоряться
uskorjat'sya

accept

Принимать
prinimat'

access

Получать доступ
poluchat' dostup

accompany

Сопровождать
soprovozhdat'

accuse

Обвинять
obvinyat'

ache	**achieve**	**acquire**

Болеть bolet'	Достигать dostigat'	Приобретать priobretat'
act	**add**	**adjust**
		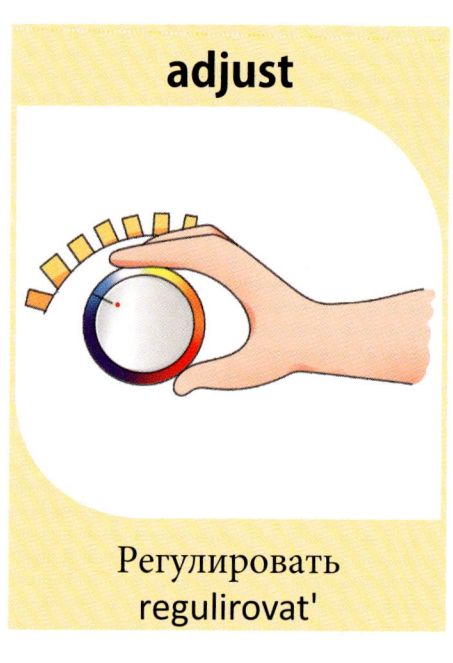
Действовать deystvovat'	Добавлять dobavlyat'	Регулировать regulirovat'
admire	**admit**	**adopt**

Восхищаться voshishchat'sya	Признавать priznavat'	Усыновлять usynovlyat'

adore  Обожать obozhat'	**advance**  Продвигать prodvigat'	**advise**  Советовать sovetovat'
affix  Прикреплять prikreplyat'	**afford**  Иметь возможность imet' vozmozhnost'	**agree**  Соглашаться soglashat'sya
aid  Помогать pomogat'	**aim**  Целиться tsel'sya	**align**  Выравнивать vyravnnivat'

allow

Разрешать
razreshat'

alter

Изменять
izmenyzt'

amaze

Удивлять
udivlyat'

amuse

Развлекать
razvlekat'

analyse
US English **analyze**

Анализировать
analizirovat'

anger

Злиться
zlit'sya

announce

Объявлять
ob"yavlyat'

annoy

Раздражать
razdrazhat'

answer

Отвечать
otvechat'

apologise
US English **apologize**

Извиняться
izvinyat'sya

appear

Появляться
poyavlyat'sya

applaud

Аплодировать
aplodirovat'

apply

Применять
primenyat'

appoint

Назначать
naznachat'

approach

Подходить
podkhodit'

approve

Утверждать
utverzhdat'

argue

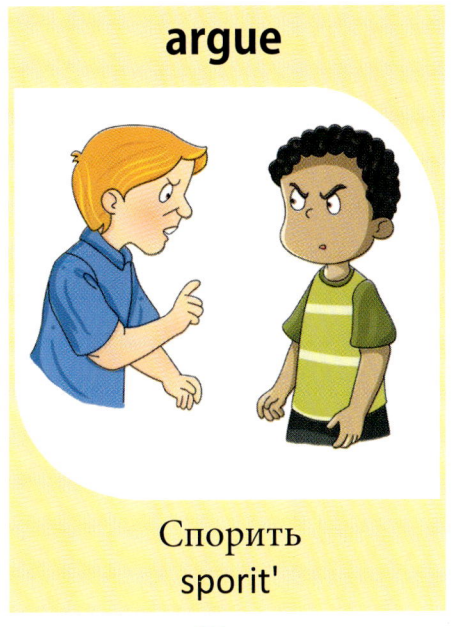

Спорить
sporit'

arise

Вставать
vstavat'

arrange

Выстраивать
vystraivat'

arrest

Арестовывать
arestovyvat'

arrive

Прибывать
pribyvat'

ask

Спрашивать
sprashivat'

assemble

Собирать
sobirat'

assist

Помогать
pomogat'

attach

Прикреплять
prikreplyat'

attack

Атаковать
atakovat'

attain

Достигать
dostigat'

attempt

Пытаться
pytat'sya

attend

Присутствовать
prisutstvovat'

attract

Привлекать
privlekat'

avoid

Избегать
izbegat'

await

Ждать
zhdat'

awake

Просыпаться
prosypat'sya

Bb

bake

Печь
pech'

balance

Балансировать
balansirovat'

ban  Запрещать zapreshchat'	**bandage** 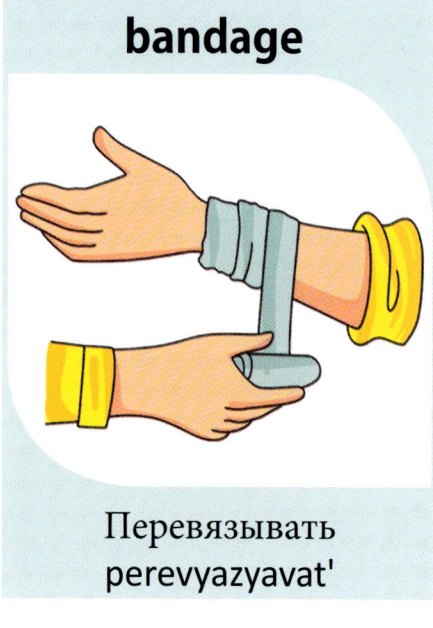 Перевязывать perevyazyavat'	**barbecue**  Жарить на углях zharit' na uglyah
bargain  Торговаться torgovat'sya	**bark**  Лаять layat'	**bathe**  Купаться kupat'sya
battle  Сражаться srazhat'sya	**bear**  Носить nosit'	**beat**  Ударять udaryat'

become

Становиться
stanovi'tsya

beg

Умолять
umolyat'

begin

Начинать
nachinat'

behave

Вести себя
vesti sebya

believe

Верить
verit'

belong

Принадлежать
prinadlezhat'

bend

Сгибаться
sgibat'sya

bet

Делать ставку
delat' stavku

beware

Остерегаться
osteregat'sya

bicycle

Ездить на велосипеде
ezdit' na velosipede

bite

Кусать
kusat'

blame

Обвинять
obvinyat'

bleed

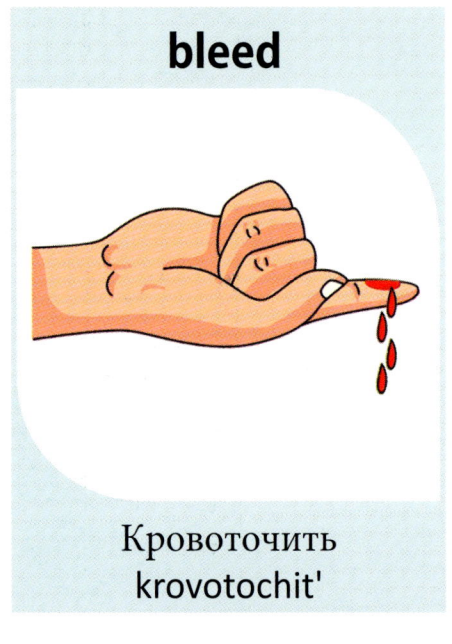

Кровоточить
krovotochit'

blend

Смешивать
smeshivat'

bless

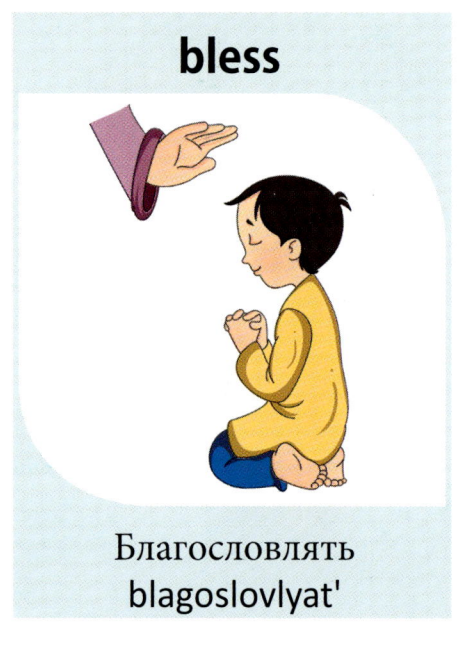

Благословлять
blagoslovlyat'

blink

Моргать
morgat'

block

Блокировать
blokirovat'

bloom

Цвести
tsvesti

blow  Дуть dut'	**blow up**  Надувать naduvat''	**blush**  Краснеть krasnet'
board  Садиться sadit'dya	**boast**  Хвастаться khvastat'sya	**boil**  Кипятить kipyatit'
book  Брать билет brat' bilet	**borrow**  Занимать zanimat'	**bother**  Беспокоить bespokoit'

bounce  Подпрыгивать podprygivat'	**bow**  Кланяться klanyat'sya	**bowl** US English **pitch**  Подавать мяч podavat' myach
box  Боксировать boksirovat'	**break**  Ломать lomati	**break down**  Ломаться lomat'sya
break in  Вламываться vlamyvat'sya	**break out**  Сбегать sbegat'	**breathe**  Дышать dyshat'

bring

Приносить
prinosit'

bring back

Возвращать
vozvrashchat'

bring up

Воспитывать
vospityvat'

browse

Просматривать
prosmatrivat'

brush

Чистить щеткой
chistit' shchetka

buckle

Застегивать пряжку
zastegivat' pryazhka

budge

Сдвинуть с места
sdvinut' s mesta

build

Строить
stroit'

bully

Задирать
zadirat'

bump

Ударяться
udaryat'sya

burn

Гореть
goret'

burst

Лопаться
lopat'sya

bury

Закапывать
zakapyvat'

button

Застегивать
zastegivat'

buy

Покупать
pokupat'

cage

Сажать в клетку
sazhat' v kletku

calculate

Рассчитать
rasschitat'

call

Звонить
zvonit'

camp

Устраивать лагерь
ustraivat' lager'

can

Консервировать
konservirovat'

care
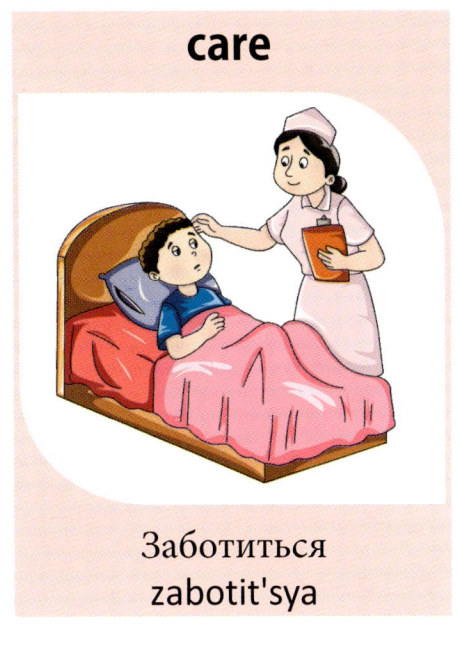
Заботиться
zabotit'sya

carry

Нести
nesti

carve

Вырезать
vyrezat'

catch

Ловить
lovit'

catch up

Настигать
nastigat'

celebrate

Праздновать
prazdnovat'

change	**charge**	**chase**

Менять menyat'	Заряжать zaryazhat'	Гнаться gnat'sya

chat	**cheat**	**check**

Беседовать besedovat'	Жульничать zhul'nichat'	Проверять proveryat'

check in	**check up**	**cheer**

Регистрироваться registrirovat'sya	Проверять proveryat'	Радоваться radovat'sya

chew  Жевать zhevat'	**chip**  Обтесывать obtesyvat'	**chirp**  Щебетать shchebetat'
choose  Выбирать vybirat'	**chop**  Нарезать narezat'	**chuckle**  Хихикать khikhikat'
circle  Обводить кружком obvodit' kruzhkom	**claim**  Требовать trebovat'	**clap**  Хлопать khlopat'

clean

Чистить
chistit'

clear

Очищать
ochishchat'

click
US English **snap**

Нажимать
nazhimat'

climb

Взбираться
vzbirat'sya

cling

Цепляться
tseplyat'sya

clip

Зажимать
zazhimat'

close

Закрывать
zakryvat'

cluck

Кудахтать
kudakhtat'

coach

Тренировать
trenirovat'

coil

Извиваться
izvivat'sya

collapse

Рухнуть
ruhnut'

collect

Собирать
sobirat'

collide

Сталкиваться
stalkivat'sya

colour
US English **color**

Раскрашивать
raskrashivat'

comb

Расчесывать
raschesyvat'

come

Приходить
prikhodit'

come in

Входить
vhodit'

come out

Выходить
vyhodit'

commence

Начинать
nachinat'

commute

Ездить на работу
ezdit' na rabotu

compete

Соревноваться
sorevnovat'sya

complain

Жаловаться
zhalovat'sya

conduct

Проводить
provodit'

connect
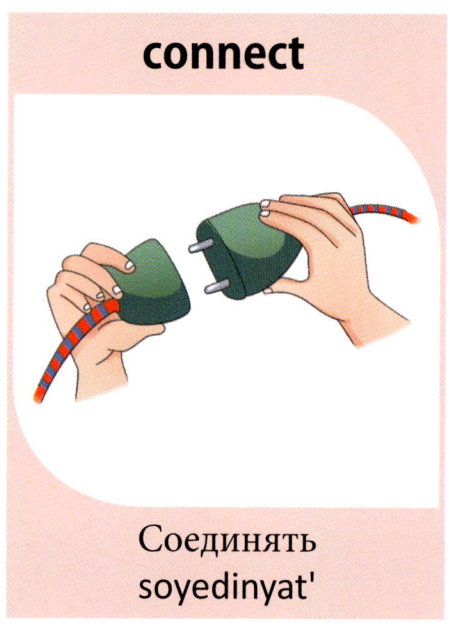
Соединять
soyedinyat'

consult

Консультировать
konsul'tirovat'

cook

Готовить
gotovit'

cool

Охлаждать
ohlazhdat'

copy	**cough**	**count**

Копировать kopirovat'	Кашлять kashelyat'	Считать schitat'

cover	**crack**	**crash**

Прикрывать prikryvat'	Трескаться treskat'sya	Разбиться razbirat'sya

crawl	**create**	**creep**

Ползать polzat'	Создавать sozdavat'	Красться krast'sya

croak

Квакать
kvakat'

cross

Переходить
perehodit'

cross out
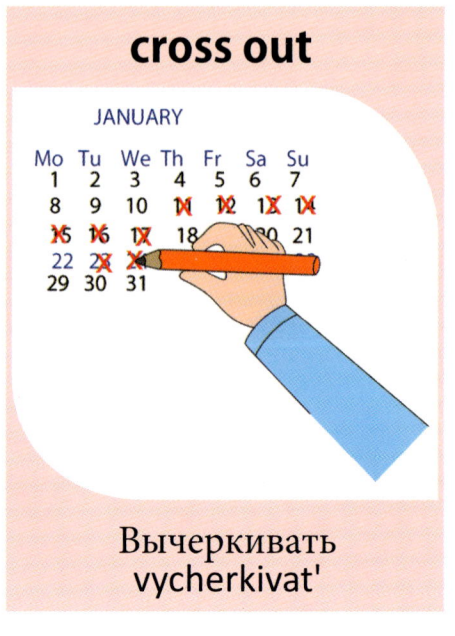
Вычеркивать
vycherkivat'

crouch

Припасть к земле
pripast' k zemle

crow

Кукарекать
kukarekat'

crowd

Толпиться
tolpit'sya

crumble

Крошить
kroshit'

cry

Плакать
plakat'

cuddle

Обнимать
obnimat'

curl

Завивать
zavivat'

cut

Резать
rezat'

cut down

Вырубать
vyrubat'

Dd

damage

Повреждать
povrezhdat'

dance

Танцевать
tantstvat'

dangle

Свисать
svisat'

darn

Штопать
shtopat'

dash

Мчаться
mchat'sya

decide

Решать
reshat'

decorate

Украшать
ukrashat'

defend

Защищать
zashchishchat'

deliver

Доставлять
dostavlyat'

design

Проектировать
proektirovat'

destroy

Разрушать
razrushat'

dial

Набирать номер
nabirat' nomer

dice

Нарезать
narezal'

dig

Копать
kopat'

dip

Окунать
okunat'

disappear

Пропадать
propadat'

disappoint

Разочаровать
razocharovat'

discard

Выбрасывать
vybrasyvat'

discover

Обнаруживать
obnaruzhivat'

dive

Нырять
nutyat'

divide

Разделять
razdelyat'

do

Делать
delat'

drag

Тащить
tashchit'

draw	**dream**	**dress**

Рисовать risovat'	Мечтать mechtat'	Одеваться odevat'sya
drift	**drill**	**drink**

Дрейфовать dreyfovat'	Сверлить sverlit'	Пить pit'
drive	**drop**	**dry**

Водить vodit'	Ронять ronyat'	Сушить sushit'

Ee

earn

Зарабатывать
zarabatyvat'

eat

Есть
yest'

elect

Избирать
izbirat'

embrace

Обнимать
obnimat'

empty

Опустошить
opustoshit'

enclose

Огораживать
ogorazhivat'

encourage

Поощрять
pooshchryat'

enjoy

Наслаждаться
naslazhdat'sya

enter

Входить
vhodit'

entertain

Развлекать
razvlekat'

erase

Стирать
stirat'

escape

Бежать
bezhat'

examine

Осматривать
osmatrivat'

excite

Возбуждать
vozbuzhdat'

exercise

Упражняться
uprazhnyat'sya

explain

Объяснять
ob"yasnyat'

explore

Исследовать
issledovat'

Ff

fail

Проваливать
provalivat'

faint

Падать в обморок
padat' v obmorok

fall

Падать
padat'

fall asleep

Засыпать
zasypat'

feed

Кормить
kormit'

feel

Чувствовать
chuvstvovat'

fetch

Приносить
prinosit'

fight

Драться
drat'sya

fill

Наполнять
napolnyat'

find

Находить
nakhodit'

fish

Рыбачить
rybachit'

fit

Примерять
primeryat'

fix

Исправлять
ispravlyat'

flap

Взмахивать
vzmakhivat'

flash

Сверкать
sverkat'

flee

Убегать
ubegat'

fling

Бросать
brosat'

flip

Подбрасывать
podbrasyvat'

float

Плавать
plavat'

flood

Затоплять
zatoplyat'

fly

Летать
letat'

fold

Складывать
skladyvat'

follow

Следовать
sledovat'

forbid

Запрещать
zapreshchat'

forget

Забывать
zabyvat'

freeze

Замерзать
zamerzat'

frighten

Напугать
napugat'

frown

Хмуриться
khmurit'sya

fry

Жарить
zharit'

Gg

gain

Набирать
nabirat'

gallop

Галопировать
galopirovat'

gape

Зевать
zevat'

garden

Заниматься садом
zanimat'sya sadom

gargle

Полоскать горло
poloskat' gorlo

gasp

Дышать с трудом
dyshat' s trudom

gather

Собирать
sobirat'

gaze

Наблюдать
nablyudat'

gesture

Жестикулировать
zhestikulirovat'

get

Получать
poluchat'

get across

Переходить
perekhodit'

get down

Спускаться
spuskat'sya

get dressed

Одеваться
odevat'sya

get off

Слезать
slezat'

get on

Садиться
sadit'sya

get over

Преодолевать
preodolevat'

get up

Вставать
vstavat'

giggle

Хихикать
khikhikat'

give

Давать
davat'

go

Идти
idti

gobble

Пожирать
pozhirat'

grab

Схватывать
skhvatyvat'

grate

Тереть
teret'

grease	**greet**	**grill**
Смазывать smazyvat'	Приветствовать privetstvovat'	Жарить на гриле zharit' na gril'
grin	**grind**	**grip**
Ухмыляться ukhmylyat'sya	Молоть molot'	Захватывать zahvatyvat'
grow	**growl**	**grunt**
Расти rasti	Рычать rychat'	Хрюкать khryukat'

guard
Сторожить
storozhit'

guess
Гадать
gadat'

guide
Направлять
napravlyat'

Hh

halt
Останавливать
ostanavlivat'

halve
Делить пополам
delit' popolam

hammer
Стучать молотком
stuchat' molotok

handcuff
Надевать наручники
nfdevat' naruchniki

hang
Висеть
viset'

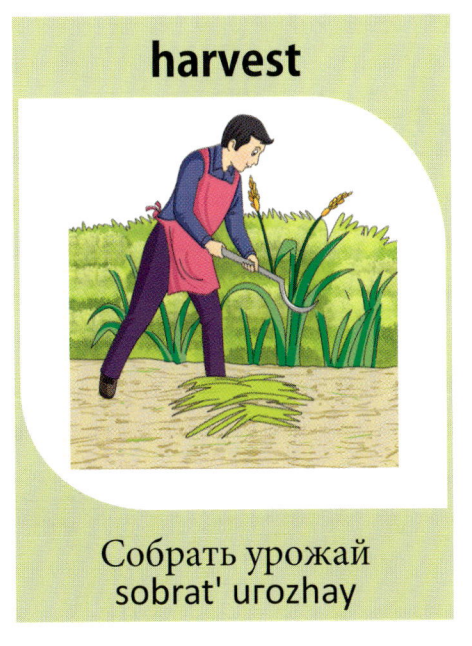

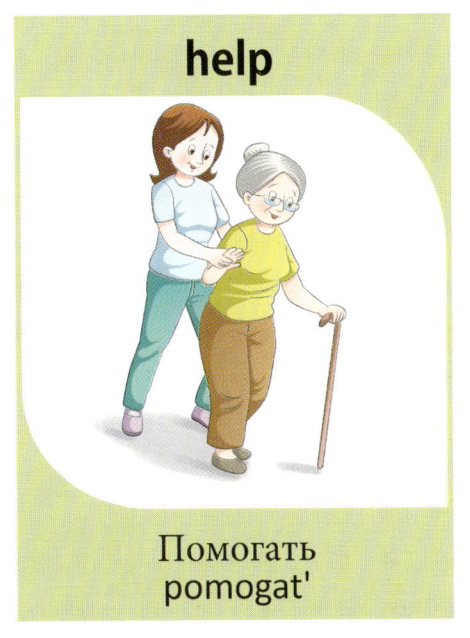

harvest	**hatch**	**hate**
Собрать урожай sobrat' urozhay	Вылупиться vylupit'sya	Ненавидеть nenavidet'
heap	**hear**	**heat**
Нагромождать nagromozhdat'	Слушать slushat'	Нагревать nagrevat'
help	**hide**	**hike**
Помогать pomogat'	Прятаться pryatat'sya	Путешествовать пешком puteshestvovat' peshkom

hiss	**hit**	**hoist**
Шипеть shipet'	Ударять udaryat'	Поднимать podnimat'

hold	**honk**	**hop**
Держать derzhat'	Гудеть gudet'	Прыгать prygat'

host	**hover**	**huddle**
Принимать гостей prinimat' gostei	Зависать zavisat'	Собираться sobirat'sya

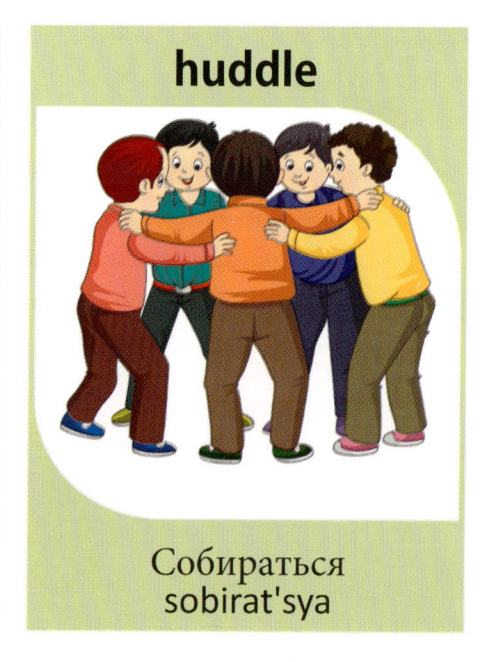

hug
Обнимать
obnimat'

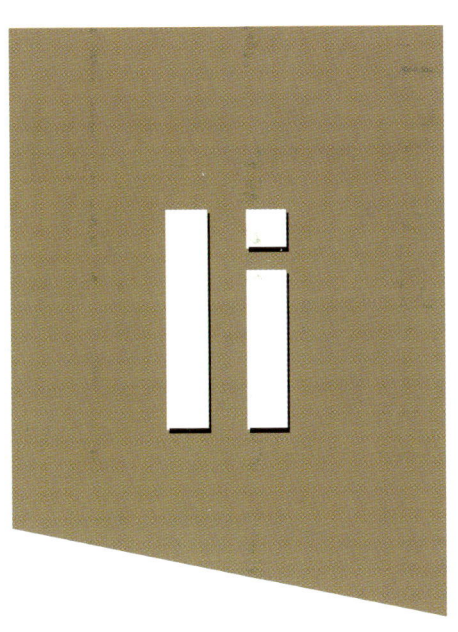

hum
Напевать
napevat'

hurt
Повреждать
povrezhdat'

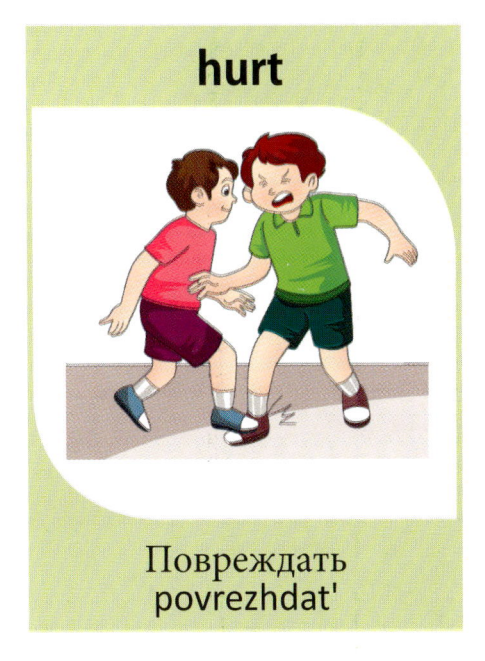

Ii

imagine
Представлять
predstavlyat'

injure
Ранить
ranit'

insert
Вкладывать
vkladyvat'

inspect
Осматривать
osmatrivat'

install
Устанавливать
ustanavlivat'

instruct	**interview**	**introduce**
Обучать obuchat'	Брать интервью brat' interv'yu	Представлять predstavlyat'
invent	**iron**	**itch**
Изобретать izobretat'	Гладить gladit'	Чесать chesat'

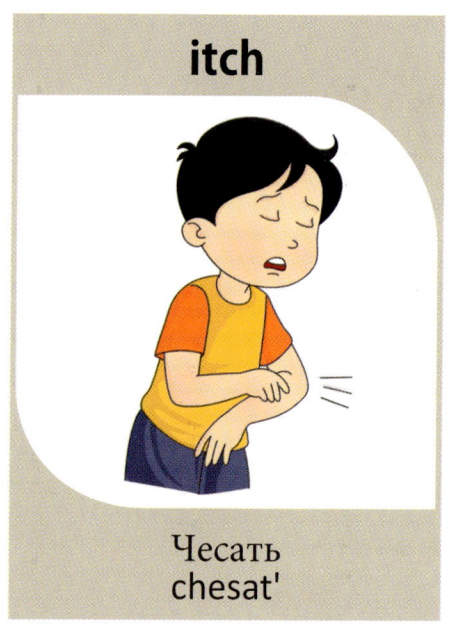

Jj

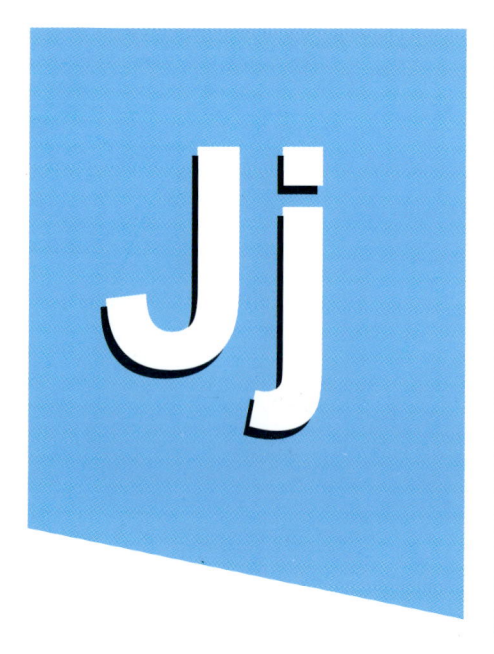

jam

Заклинивать zakllinivat'

jingle

Звенеть zvenet'

jog Бегать begat'	**join** Присоединяться prisoyedinyat'sya	**joke** Шутить shutit'
jolt Трястись tryastis'	**jostle** Толкаться tolkat'sya	**jot** Быстро писать bystro ppisat'
juggle Жонглировать zhonglirovat'	**jumble** Смешать smeshat'	**jump** Прыгать prygat'

Kk

keep

Держать
derzhat'

keep off

Держаться подальше
derzhat'sya podal'she

kick

Пинать
pinat'

kindle

Разжечь
razzhech'

kiss

Целовать
tselovat'

knead

Месить
mesit'

kneel

Становиться на колени
stanovit'sya na koleni

knit

Вязать
vyazat'

knock	**knock down**	**know**
Стучать stuchat'	Сбить sbit'	Знать znat'

Ll

land	**laugh**
Приземляться prizemlyat'sya	Смеяться smeyat'sya

lay	**lead**	**leak**
Нести nesti	Вести vesti	Утекать utekat'

lean	**leap**	**learn**
Прислоняться prislonyat'sya	Выпрыгивать vyprygivat'	Учиться uchit'sya
leave	**lend**	**let go**
Покинуть pokinut'	Давать в долг davat' v dolg	Отпустить otpustit'
let in	**lie**	**lift**
Впустить vpustit'	Врать lozh'	Поднимать podnimat'

light	**like**	**listen**
Зажечь zazhech'	Нравиться nravit'sya	Слушать slushat'
load	**lock**	**look**
Загружать zagruzhat'	Запирать zapirat'	Смотреть smotret'
loosen	**lose**	**love**
Освобождать osvobozhdat'	Терять teryat'	Любить lyubit'

Mm

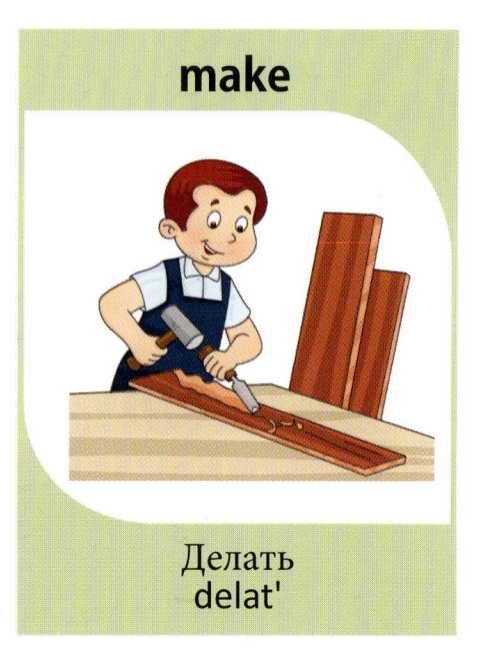

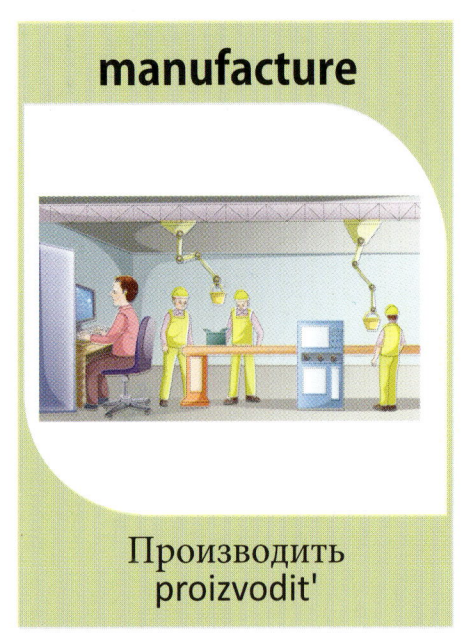

mail 
Отправить письмо
otpravit' pis'mo

make
Делать
delat'

manufacture
Производить
proizvodit'

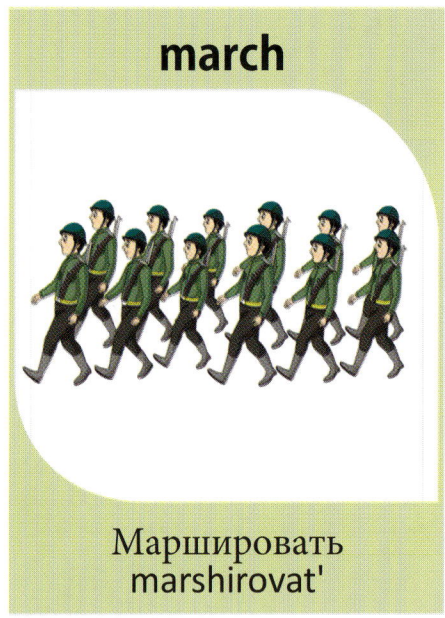

march
Маршировать
marshirovat'

mark
Отмечать
otmechat'

marry
Вступать в брак
vstupat' v brak

mash 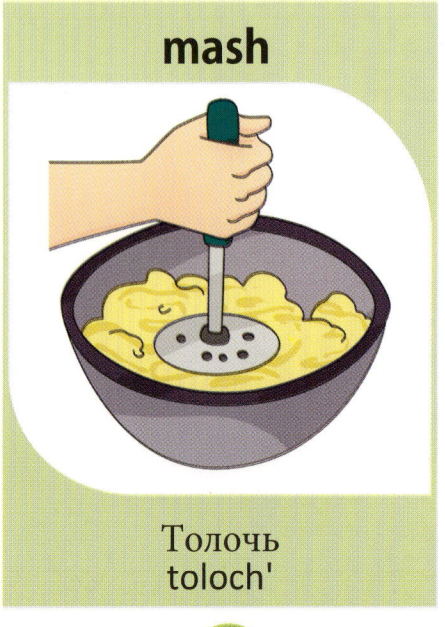
Толочь
toloch'

match
Совпадать
sovpadat'

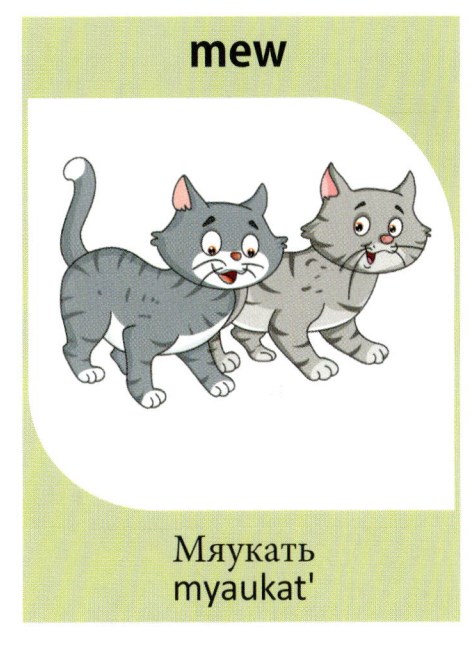

measure	**meet**	**melt**
Измерять izmeryat'	Встречать vstrechat'	Таять tayat'

mend	**mew**	**milk**
Исправлять ispravlyat'	Мяукать myaukat'	Доить doit'

mime	**mince**	**mix**
Подрожать podrozhat'	Нарубить nrubit'	Смешивать smeshivat'

model	**mop**	**mount**
Позировать pozirovat'	Мыть шваброй myt' shvabroi	Взбираться vzbirat'sya

move	**mow**	**munch**
Передвигать peredvigat'	Косить kosit'	Жевать zhevat'

Nn

nail	**name**
Прибивать nogot'	Давать имя davat' imya

nap	**neigh**	**net**
Дремать dremat'	Ржать rzhat'	Ловить сетью lovit' set'yu

nibble	**nip**	**nod**
Откусывать otkusyvat'	Укусить ukusit'	Кивать kivat'

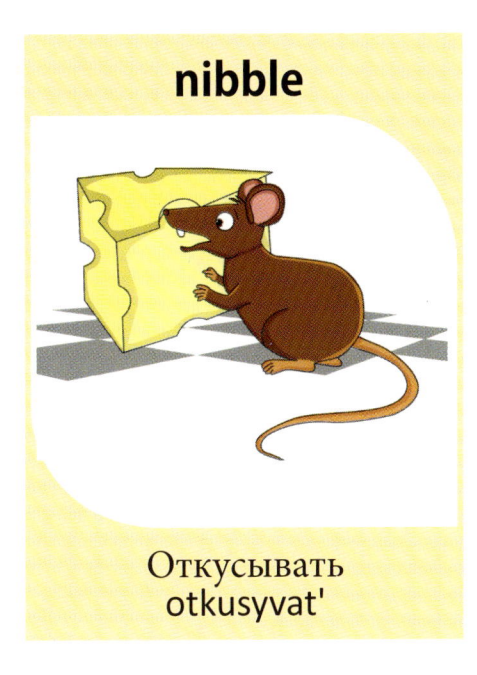

notice	**nudge**	**nurse**
Уведомлять uvedomlyat'	Подталкивать podtalkivat'	Ухаживать uhazhivat'

Oo

obey
Подчиняться
podchinyat'sya

occupy
Занимать
zanimat'

offer
Предлагать
predlagat'

oil
Залить масло
zalit' maslo

open
Открывать
otkryvat'

operate
Работать
rabotat'

order
Заказывать
zakazyvat'

overtake
Обгонять
obgonyat'

overturn
Переворачиваться
perevorachivat'sya

owe
Задолжать
zadolzhat'

own
Владеть
vladet'

Pp

pack
Упаковать
upakovat'

paddle
Грести
gresti

paint
Покрасить
pokrasit'

park
Припарковать
priparkovat'

part
Расходиться
raskhodit'sya

pass	**paste**	**pat**
Передать pererdat'	Вставить vstavit'	Поглаживать poglazhivat'
patch	**patrol**	**pave**
Латать latat'	Патрулировать patrulirovat'	Прокладывать prokladyvat'
paw	**pay**	**peck**
Хватать khvatat'	Платить platit'	Клевать klevat'

pedal	**peel**	**peep**
Нажимать на педали	Чистить	Подглядывать
nazhimat' na pedali	chistit'	podglyadyvat'
peg	**perch**	**perform**
Прикреплять	Усесться	Исполнять
prikreplyat'	usest'sya	ispolnyat'
phone	**photograph**	**pick**
Звонить	Фотографироваться	Выбирать
zvonit'	fotografirovat'sya	vybirat'

pick up	**picnic**	**pierce**
Подобрать podobrat'	Устраивать пикник ustraivat' piknik	Прокалывать prokalyvat' |//

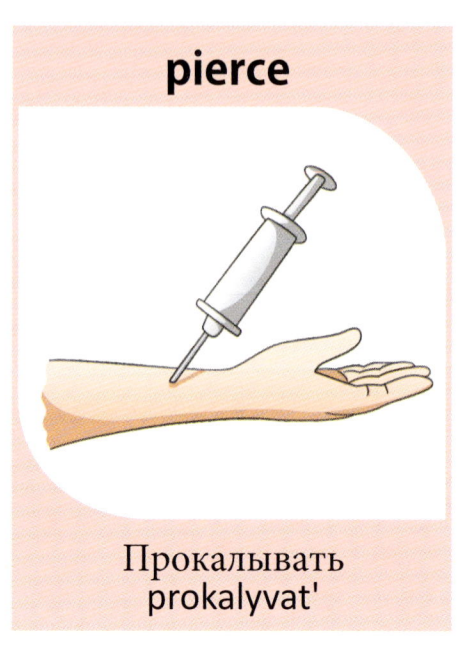

pile	**pin**	**pinch**
Сваливать в кучу svalivat' v kuchu	Прикалывать prokalyvat'	Ущипнуть ushchipnut'

place	**plan**	**plant**
Поставить postavit'	Планировать planirovat'	Сажать растение sazhat' rasteniye

play — Играть igrat'	**plough** — Пахать pakhat'	**pluck** — Срывать sryvat'
plug — Вставлять vstavlyat'	**point** — Указывать ukazyvat'	**poke** — Тыкать tykat'
polish — Натирать natirat'	**pollute** — Загрязнять zagryaznyat'	**pose** — Позировать pozirovat'

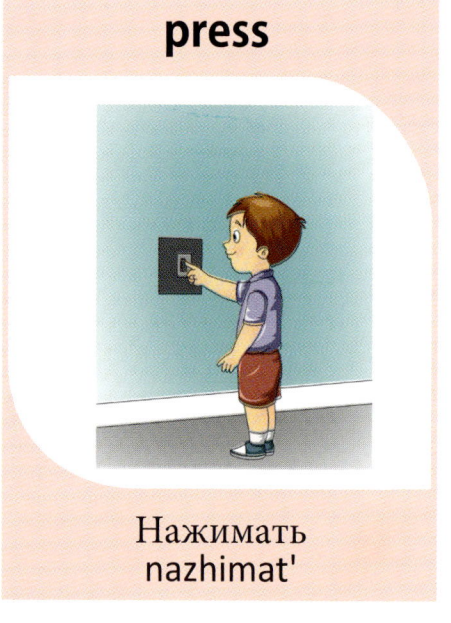

pour	**powder**	**praise**
Наливать nalivat'	Пудриться pudrit'sya	Хвалить khvalit'
pray	**press**	**print**
Молиться molit'sya	Нажимать nazhimat'	Распечатать raspechatat'
protect	**pull**	**pump**
Защищать zashchishchat'	Тянуть tyanut'	Качать kachat'

punch
Ударить кулаком
udarit' kulakom

punish
Наказывать
nakazyvat'

push
Толкать
tolkat'

Qq

quack
Крякать
kryakat'

quarrel
Ссориться
ssorit'sya

quarter
Разделить на четыре
razdelit' na chetyre

quench
Утолять жажду
utolyat' zhazhdu

question
Спрашивать
sprashivat'

queue
Стоять в очереди
stoyat' v ocheredi

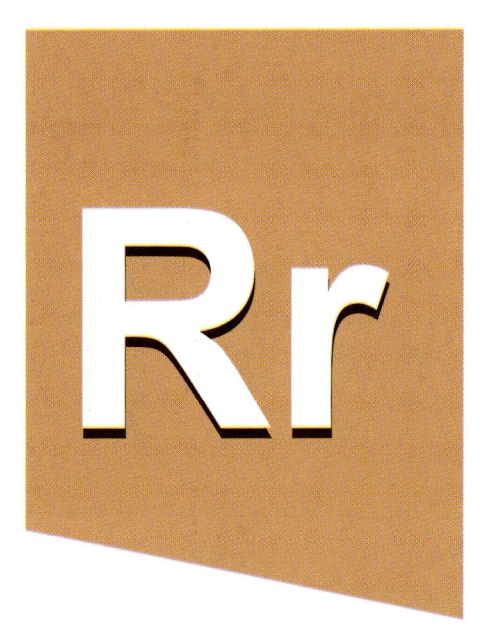

quit
Покидать
pokidat'

quiz
Опрашивать
oprashivat'

Rr

race
Состязаться
sosotyazat'sya

rain
Идет дождь
idet dozhd'

raise
Поднимать
podnimat'

rake
Разгребать
razgrebat'

ram
Налетать на
naletat' na

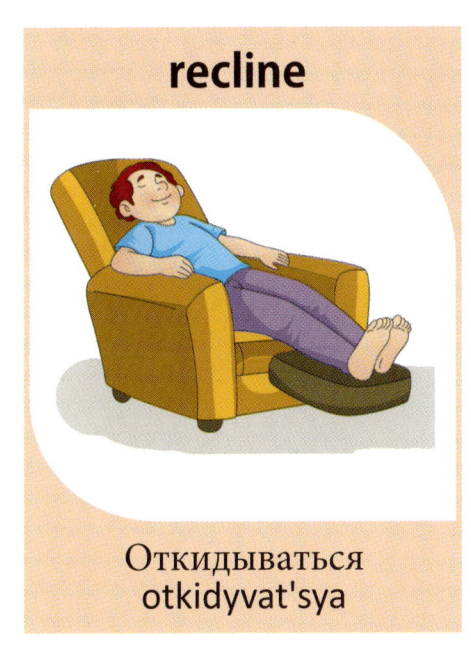

reach Достигать dostigat'	**read** Читать chitat'	**receive** Получать poluchat'
recline Откидываться otkidyvat'sya	**record** Записывать zapisyvat'	**recycle** Перерабатывать pererabatyvat'
reflect Отражать otrazhat'	**refuse** Отказывать otkazyvat'	**release** Выпускать vypuskat'

remember	**repair**	**report**
Помнить pomnit'	Ремонтировать remontirovat'	Сообщать soobshchat'
request	**rescue**	**respect**
Запрашивать zaprashivat'	Спасать spasat'	Уважать uvazhat'
rest	**return**	**ride**
Отдыхать otdykhat'	Возвращать vozvrashchat'	Ездить ezdit'

ring	**ring up**	**rinse**
Звенеть zvenet'	Позвонить pozvonit'	Промывать promyvat'
rip	**rise**	**risk**
Рвать rvat'	Подниматься pdnimat'sya	Рисковать riskovat'
roar	**roast**	**rock**
Рычать rychat'	Жарить zharit'	Качать kachat'

roll Сворачивать svorachivat'	**row** Грести gresti	**rub** Натирать natirat'
ruffle Рябить ryabit'	**ruin** Разрушать razrushat'	**run** Бежать bezhat'
run after Бежать за bezhat' za	**run into** Врезаться vrezat'sya	**rush** Торопиться toropit'sya

Ss

sag

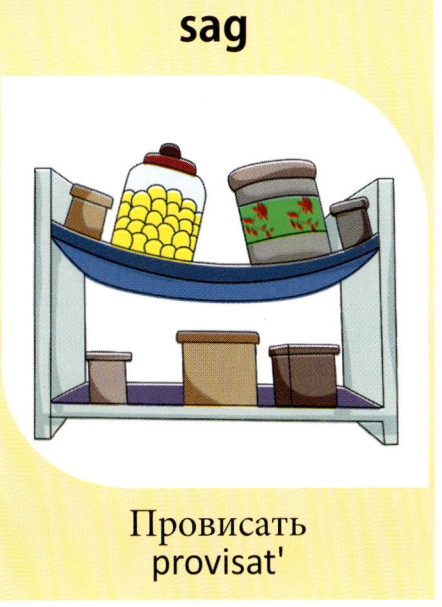

Провисать
provisat'

sail

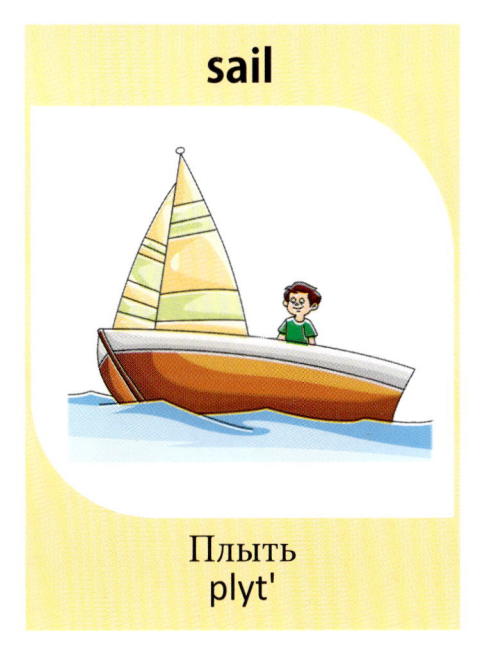

Плыть
plyt'

salute

Приветствовать
privetstvovat'

save

Сохранять
sokhranyat'

scare

Напугать
napugat'

scold

Ругать
rugat'

scoop

Черпать
cherpat'

score

Набрать балов
nabrat' balov

scratch	**scratch out**	**scream**
Царапать tsarapat'	Вычеркивать vycherkivat'	Кричать krichat'
screw	**scrub**	**seal**
Завинчивать zavinchivat'	Тереть teret'	Запечатать zapechatat'
see	**seek**	**select**
Видеть videt'	Искать iskat'	Выбирать vybirat'

sell Продавать prodavat'	**send** Отправлять otpravlyat'	**separate** Отделять otdelyat'
serve Служить sluzhit'	**set** Устанавливать ustanavlivat'	**sew** Шить shit'
shade Затемнять zatemnyat'	**shake** Встряхивать vstryakhivat'	**shape** Формировать formirovat'

share Делиться delit'sya	**sharpen** Точить tochit'	**shave** Бриться brit'sya
shear Стричь strich'	**shell** Снимать шелуху snimat' shelukhu	**shelter** Укрываться ukryvat'sya
shift Сдвигать sdvigat'	**shine** Светить svetit'	**shiver** Дрожать drozhat'

shoot	**shop**	**shout**
Стрелять strelyat'	Ходить за покупками khodit' za pokupkami	Кричать krichat'
shovel	**show**	**shower**
Копать kopat'	Показывать pokazyvat'	Принимать душ prinimat' dush
shut	**sign**	**signal**
Закрывать zakryvat'	Подписывать podpisyvat'	Сигналить signalit'

sing	**sink**	**sip**
Петь pet'	Тонуть tonut'	Глотать glotat'

sit	**skate board**	**ski**
Сидеть sidet'	Кататься на скейтборде katat'sya na skeytborde	Кататься на лыжах katat'sya na lyzhah

skid	**skip**	**slap**
Заносить zanosit'	Пропускать propuskat'	Шлепать shlepat'

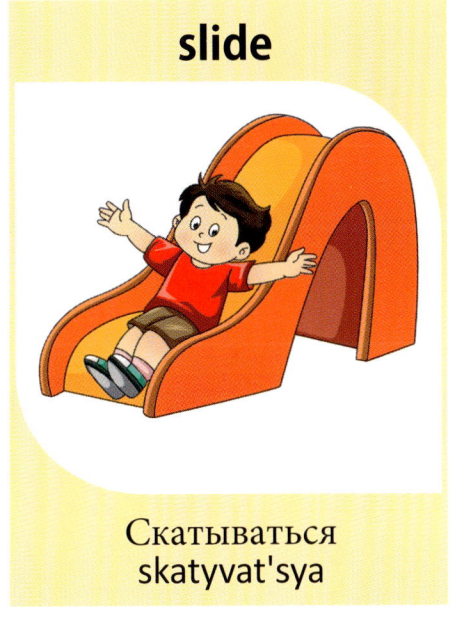

slash Косить kosit'	**sledge** Ездить на санях ezdit' na sanyah	**sleep** Спать spat'
slice Нарезать narezat'	**slide** Скатываться skatyvat'sya	**slip** Соскальзывать soskal'zyvat'
slip under Подсовывать podsovyvat'	**smash** Разгромить razgromit'	**smell** Нюхать nyukhat'

smile	**snatch**	**sneeze**
Улыбаться ulybat'sya	Вырывать vyryvat'	Чихать chikhat'
sniff	**snore**	**snorkel**
Нюхать nyukhat'	Храпеть khrapet'	Плавать под водой с трубкой plavat' pod vodoi s trubkoi
snow	**soak**	**soar**
Идет снег idet sneg	Замачивать zamachivat'	Парить parit'

sob	**sort**	**sow**
Рыдать rydat'	Сортировать sortirovat'	Сеять seyat'
sparkle	**speak**	**spill**
Блестеть blestet'	Разговаривать razgovarivat'	Проливать prolivat'
spit	**splash**	**spoil**
Плевать plevat'	Плескаться plekat'sya	Портить portit'

spray Опрыскивать opryskivat'	**spread** Размазать razmazyvat'	**spring** Подпрыгивать podprygivat'
sprinkle Поливать polivat'	**spy** Шпионить shpionit'	**squash** Давить davit'
squat Присесть prisest'	**squeeze** Сжимать szhimat'	**stack** Складывать в стог skladyvat' v stog

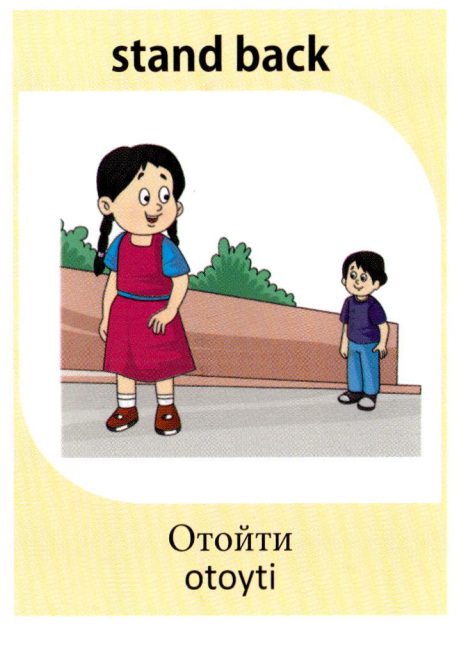

stamp	**stand**	**stand back**
Ставить печать stavit' pechat'	Стоять stoyat'	Отойти otoyti
stand up	**stare**	**start**
Встать vstat'	Глазеть glazet'	Начинать nachinat'
stay	**stay away**	**steal**
Остаться ostat'sya	Держаться подальше derzhat'sya podal'she	Воровать vorovat'

steam — Варить varit'	**step** — Наступать nastupat'	**stick** — Клеить kleit'
sting — Укусить ukusit'	**stink** — Вонять vonyat'	**stir** — Размешивать razmeshivaat'
stitch — Вышивать vyshivat'	**stomp** — Топать topat'	**stoop** — Наклоняться naklonyat'sya

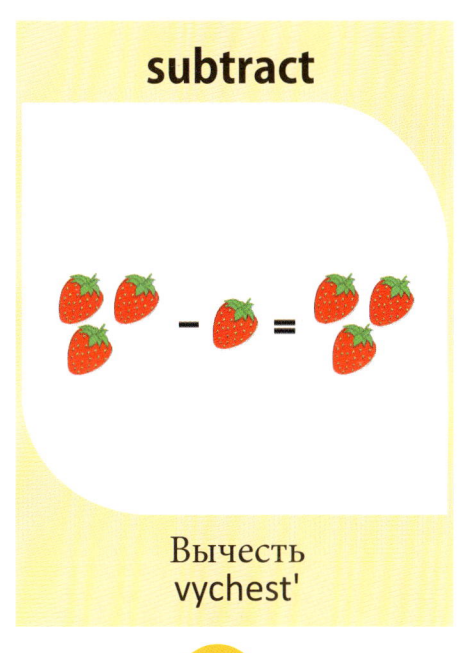

stop	**store**	**stretch**
Останавливаться ostanavlivat'sya	Хранить khranit'	Растягивать rastyagivat'
strike	**string**	**stroke**
Ударять udaryat'	Нанизывать nanizyvat'	Поглаживать poglazhivat'
study	**subtract**	**support**
Исследовать issledovat'	Вычесть vychest'	Поддерживать podderzhivat'

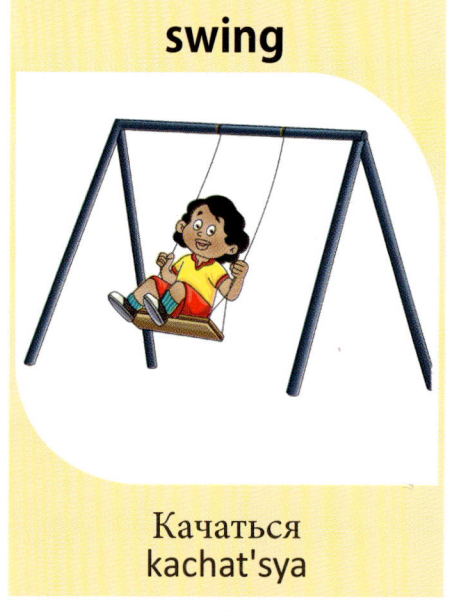

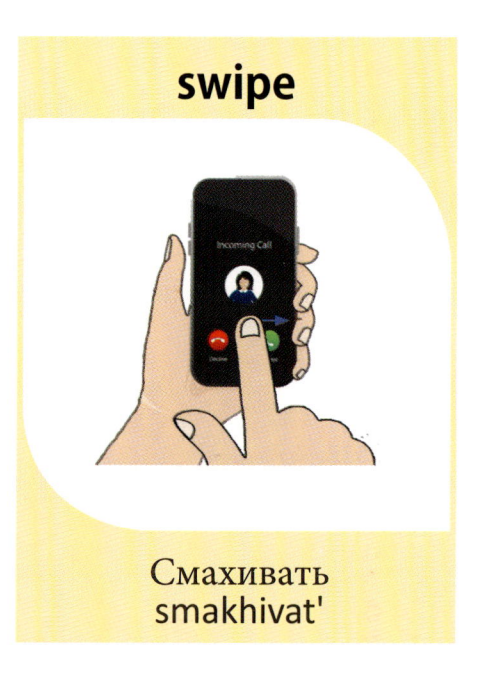

surf	**surprise**	**swallow**
Заниматься серфингом znimat'sya serfingom	Удивлять udivlyat'	Глотать glotat'
sweat	**sweep**	**swell**
Потеть potet'	Подметать podmetat'	Опухать opukhat'
swim	**swing**	**swipe**
Плавать plavat'	Качаться kachat'sya	Смахивать smakhivat'

T t

take
Брать
brat'

take off
Взлетать
vzletat'

talk
Говорить
govorit'

tame
Приручать
priruchit'

tap
Наступать
nastupat'

taste
Пробовать
probovat'

teach
Учить
uchit'

tear
Рвать
rvat'

tell Рассказывать rasskazyvat'	**test** Тестировать testirovat'	**thank** Благодарить blagodarit'
think Думать dumat'	**thread** Продевать нитку prodevat' nitku	**throw** Бросать brosat'
throw away Выбрасывать vybrasyvat'	**tick** Отмечать otmechat'	**tickle** Щекотать shchekotat'

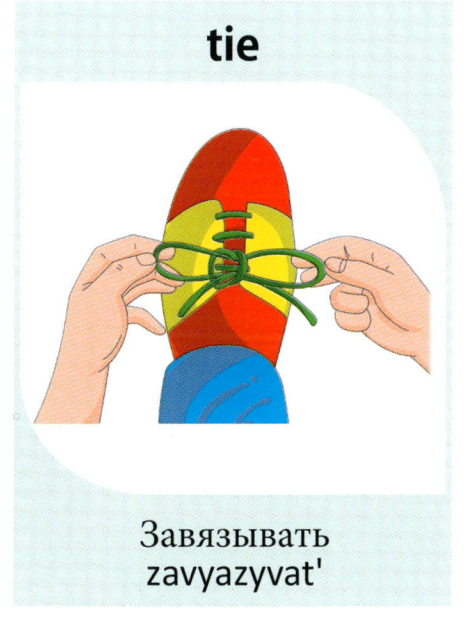

tidy	**tie**	**tighten**
Убирать ubirat'	Завязывать zavyazyvat'	Затягивать zatyagivat'
time	**tip**	**tiptoe**
Засекать zasekat'	Давать чаевые davat' chaevye	Красться krast'sya
toast	**toss**	**touch**
Поджаривать podzharivat'	Бросать brosat'	Трогать trogat'

touch down	**tour**	**tow**
Приземляться prizemlyat'sya	Гастролировать gastrolirovat'	Буксировать buksirovat'
train	**trap**	**travel**
Тренироваться trenirovat'sya	Ловить lovit'	Путешествовать puteshestvovat'
tremble	**trick**	**trim**
Дрожать drozhat'	Обманывать obmanyvat'	Подрезать podrezat'

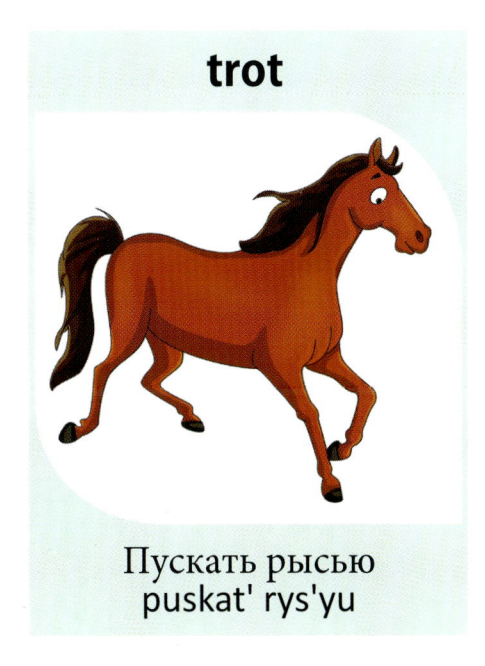

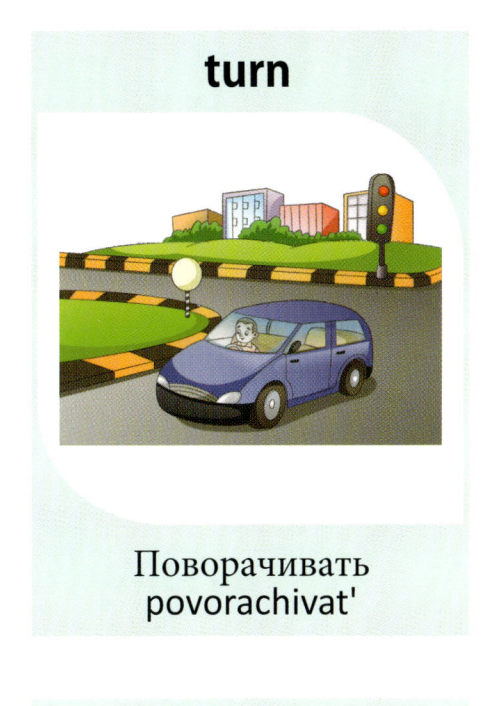

trot	**try**	**tug**
Пускать рысью puskat' rys'yu	Пытаться pytat'sya	Тянуть tyanut'
turn	**turn off**	**turn on**
Поворачивать povorachivat'	Выключать vyklyuchat'	Включать vklyuchat'
twinkle	**twist**	**type**
Мерцать mertsat'	Скручивать skuchivat'	Печатать pechatat'

Uu

understand 
Понимать
ponimat'

unload
Разгружать
razgruzhat'

unlock
Разблокировать
razblokirovat'

unpack
Распаковать
raspakovat'

untie
Развязать
razvyazat'

unwrap
Развернуть
razvernut'

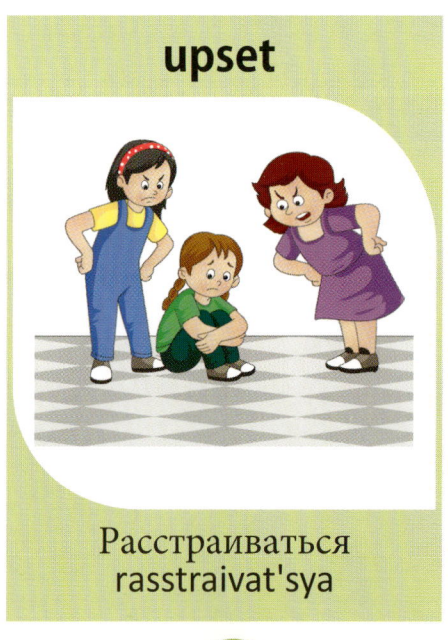

upset
Расстраиваться
rasstraivat'sya

use
Использовать
ispol'zovat'

Vv

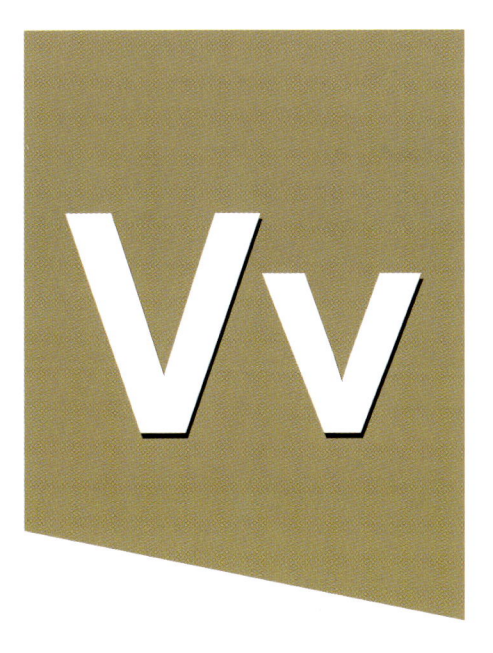

vacate
Освободить
osvobodit'

vacuum 
Пылесосить
pylesosit'

value
Оценивать
otsenivat'

vanish 
Исчезать
ischezat'

vibrate
Вибрировать
vibrirovat'

view
Смотреть
smotret'

visit
Посещать
poseshchat'

voice
Озвучить
ozvuchit'

Ww

volunteer
Вызываться добровольно
vyzyvat'sya dobrovol'no

vote
Голосовать
golosovat'

vow
Давать клятву
davat' klyatvu

waddle
Ходить вперевалку
khodit' vperevalku

wade
Переходить вброд
perekhodit' vbrod

wag
Вилять
vilyat'

wait 
Ждать
zhdat'

wake
Просыпаться
prosypat'sya

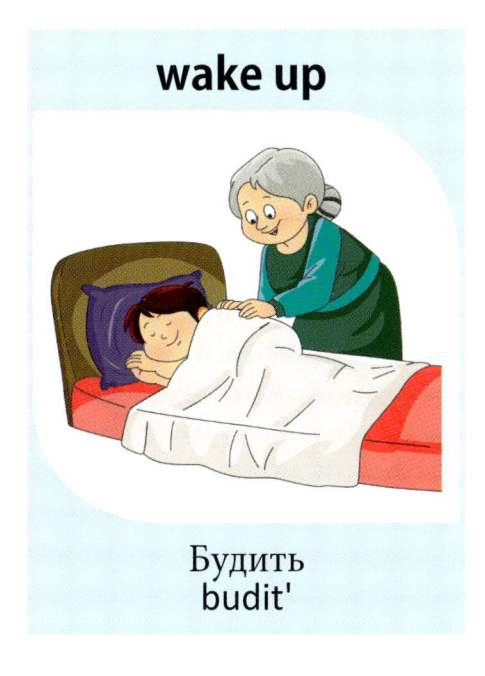

wake up Будить budit'	**walk** Ходить hodit'	**walk away** Уходить uhodit'
wander Бродить brodit'	**want** Хотеть hotet'	**warm** Согревать sogrevat'
warn Предупреждать preduprezhdat'	**wash** Стирать stirat'	**waste** Выбрасывать vybrasyvat'

watch	**water**	**wave**
Смотреть smotret'	Поливать polivat'	Махать mahat'
wear	**wear out**	**weave**
Надеть nadet'	Износить iznosit'	Ткать tkat'
weed	**weep**	**weigh**
Вырывать сорняки vyryvat' sornyaki	Плакать plakat'	Взвешивать vzveshivat'

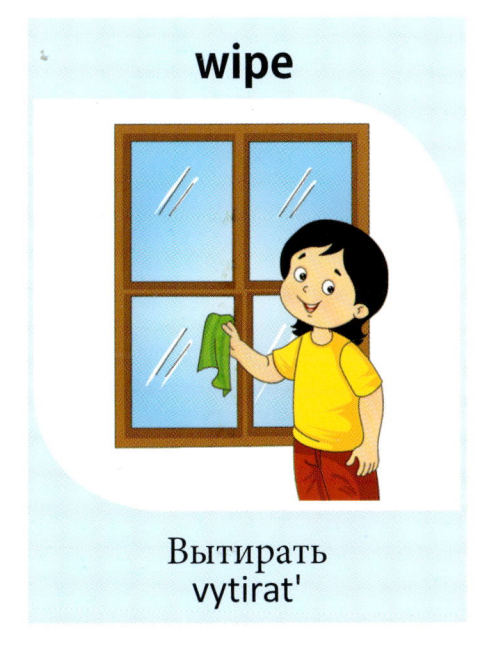

wipe	**wish**	**wobble**
Вытирать vytirat'	Желать zhelat'	Колебаться kolebat'sya
wonder	**work**	**work out**
Удивляться udivljat'sya	Работать rabotat'	Упражняться uprazhnjat'sya
worry	**wrap**	**wrestle**
Волноваться volnovat'sya	Сворачивать svorachivat'	Бороться borot'sya

welcome	**wet**	**wheel**
Приветствовать privetstvovat'	Промокать promokat'	Катать katat'
whip	**whisper**	**whistle**
Взбивать vzbivat'	Шептать sheptat'	Свистеть svistet'
win	**wind**	**wink**
Побеждать pobezhdat'	Заводить zavodit'	Подмигивать podmigivat'

wriggle
Извиваться
izvivat'sja

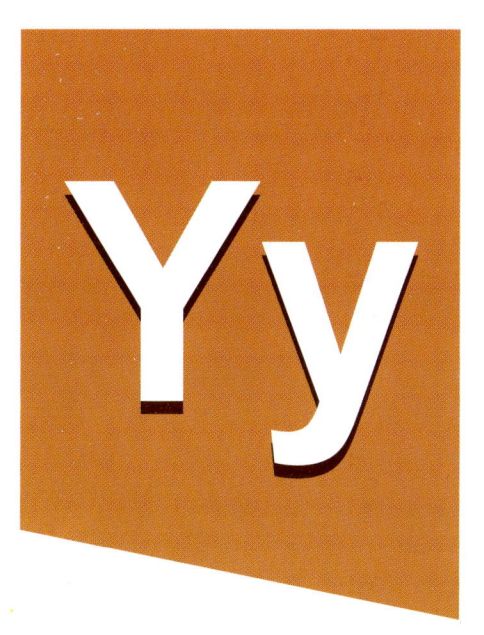

wring
Отжать
otzhat'

write
Написать
napisat'

Xx

xerox
Делать копию
delat' kopiyu

x-ray
Делать рентген
delat' rentgen

Yy

yank
Дергать
dergat'

yap
Тявкать
tyavkat'

yawn
Зевать
zevat'

yearn
Жаждать
zhazhdat'

yell
Кричать
krichat'

yelp
Визжать
vizzhat'

yield
Приносить урожай
prinosit' urozhay

yodel
Петь йодлем
pet' yodlem

Zz

zigzag
Делать зигзаги
delat' zigzagi

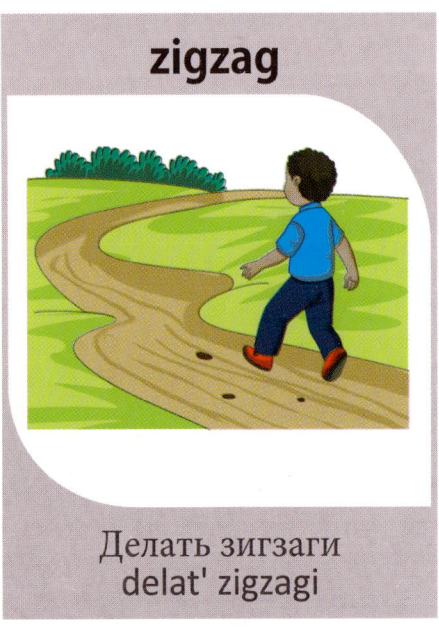

zoom
Быстро ехать
bystro ehat'